Inhalt

Rating-Agenturen fordern höhere Eigenkapitalquote

Kernthesen

Beitrag

Fallbeispiele

Weiterführende Literatur

Impressum

Rating-Agenturen fordern höhere Eigenkapitalquote

G. Dengl

Kernthesen

- Die Eigenkapitalquote deutscher Unternehmen liegt unter dem europäischen Durchschnitt und führt zu Herabstufungen durch die Rating-Agenturen.
- Wirtschaftstheoretisch lässt sich die Forderung nach einer größeren Eigenkapitalquote mit dem Leverage-Effekt begründen, der besagt, dass es in einer wirtschaftlich schwierigen Situation vorteilhaft ist, einen geringeren Verschuldungsgrad zu haben.
- Zur Stärkung der Eigenkapitalbasis bieten

sich grundsätzlich zwei Möglichkeiten: Einerseits die Aufnahme neuen Kapitals, andererseits die Reduktion von Risikokapital. Beide Bemühungen werden jeweils mit positiven Ratings gewürdigt.

Beitrag

Eigenkapitalquote in Deutschland unterdurchschnittlich

Wenn die Konjunktur lahmt, dann zeigt sich das an den verschiedensten Stellen, unter anderem auch in der Bewertung von Unternehmen. Standen in den Boomjahren des ausgehenden zwanzigsten Jahrhunderts noch Wachstumschancen im Vordergrund, so besinnt man sich nun wieder auf Bodenständigeres. Eines der wenigen Argumente das Rating-Agenturen noch gelten lassen, wenn sie ein gute oder sehr gute Bewertung erteilen, ist die Ausstattung des Unternehmens mit Eigenkapital. Diese Refokussierung auf die Substanz ist in einer Zeit, in der Firmeninsolvenzen Rekordhöhen erreichen durchaus nachvollziehbar, macht es aber vielen Unternehmen schwer, überhaupt noch ein

gutes Rating zu bekommen. Das Rating wiederum entscheidet über die Höhe der Zinsen bei Aufnahme von Fremdkapital. Dieser Zusammenhang verschärft bestehende Probleme und wirkt im Hinblick auf eine Konjunkturbelebung kontra-produktiv.
Die Eigenkapitalquote deutscher Unternehmen rangieren dabei mit durchschnittlich 25 bis 30 % innerhalb Europas am unteren Ende. Sie ist in Deutschland vor allem aus steuerlichen Gründen so niedrig, und, weil schlechtere Wettbewerbsbedingungen wie Lohnnebenkosten den Gewinn schmälern. (2) Besonders kritisch ist der Mittelstand zu sehen. Hier sind Eigenkapitalquoten von 10 % und darunter die Regel. (10)
Wie eine aktuelle Studie von Siemens Financial Services (SFS) in Zusammenarbeit mit der Universität Augsburg zeigt, haben Unternehmen gerade wegen ihrer geringen Eigenkapitalquote größere Schwierigkeiten, Fremdkapital zu beschaffen als vergleichbare ausländische Unternehmen. (2)

Ziel: Stärkung der Kernkapitalquote

Obwohl die Banken bei der Kreditvergabe an Unternehmen außerordentlich stark auf deren

Eigenkapitalquote achten, gehen sie selbst nicht mit gutem Beispiel voran. Die HypoVereinsbank liegt beispielsweise mit einer Kernkapitalquote von 5,6 % nur wenig über den aufsichtsrechtlich geforderten 4 %. Sie plant aber diese auf über 6 % zu erhöhen um damit den Forderungen der Rating-Agenturen an eine untere akzeptable Grenze nachzukommen. (14) Eine Stärkung der Kernkapitalquote führt automatisch zu einer besseren Bewertung durch die Rating-Agenturen. Dies hat zwei klare Vorteile:
- gerade die Bestimmungen von Basel II fordern eine stärkere Eigenkapitalbasis als bisher üblich. Um also weiterhin Kredite vergeben zu können, wird man in Zukunft mehr Eigenkapital reservieren müssen. (Diese Formel ist sehr vereinfacht. Es hängt genau genommen von der Bonität des Kreditnehmers ab, wie viel Eigenkapital zu unterlegen ist. Geht man jedoch davon aus, dass derzeit fast alle Unternehmen - sowohl Großunternehmen als auch KMU - mit Bonitätsherabstufungen zu kämpfen haben, so ist die vereinfachte Annahme gerechtfertigt). (12)
- die Argumentation funktioniert aber auch anders herum. Wenn sich ein Unternehmen mit einer starken Eigenkapitalbasis präsentiert, dann ist es bedeutend einfacher selbst an frisches Kapital zu kommen, sei es über Kredite oder über den Anleihenmarkt.

Leverage Effekt

Die wirtschaftstheoretische Begründung für eine höhere Eigenkapitalausstattung liefert der Leverage-Effekt. Er besagt, dass es solange sinnvoll ist Fremdkapital aufzunehmen, wie die Gesamtkapitalrentabilität höher als der Fremdkapitalzins ist. Dies ist regelmäßig dann der Fall, wenn lukrative Investitionen möglich sind, wie beispielsweise in Phasen des wirtschaftlichen Aufschwungs. Fällt die Gesamtkapitalrentabilität unter den Fremdkapitalzins, steigt das Risiko von Verlusten mit steigendem Verschuldungsgrad. HypoVereinsbank und Commerzbank weisen beispielsweise operativ Verluste aus, sodass sich der Leverage-Effekt bei diesen Banken im Moment negativ auswirkt.
Eine unterdurchschnittliche Eigenkapitalausstattung, wie sie im deutschen Bankensektor derzeit anzutreffen ist, verschlechtert in einer wirtschaftlich schwierigen Situation die Ertragslage. Nur eine Kapitalerhöhung kann das Dilemma, das Leverage-Risiko durch eine Erhöhung der Kernkapitalquote zu verringern, aber gleichzeitig künftige Ertragsmöglichkeiten nicht zu beseitigen, lösen. Diese Möglichkeit ist allerdings nur bei entsprechenden Ertragsaussichten eröffnet. (14)

Fallbeispiele

1) Rückversicherer unter Druck von Rating-Agenturen
Gerade von Rückversicherungen wird aufgrund ihrer besonderen Verantwortung für die wirtschaftliche Absicherung ein erstklassiges Rating (AAA) erwartet. Derzeit kann aber keine bedeutende Rückversicherungsgesellschaft weltweit dieses Rating ausweisen. Stattdessen wird von Seiten der Rating-Agenturen zusehends mehr Druck aufgebaut, die Eigenkapitalbasis zu stärken.
So wird beispielsweise die Münchener Rück von Standard & Poors aufgefordert mehr Eigenkapital einzuwerben. Andernfalls droht eine weitere teure Rating-Herabstufung. Die Forderung überrascht ein wenig, nachdem Anfang des Jahres bereits eine Kapitalerhöhung in Höhe von 3,44 Mrd. Euro begeben wurde. [6]
In einer ähnlichen Situation befindet sich die Hannover Rück. Um ihr Rating bei Standard & Poors zu halten, hat sie ihr Kapital um 500 Mio. Euro erhöht. [7], [5]

2) General Motors will mehrere Milliarden Fremdkapital aufnehmen
Der weltgrößte Automobilkonzern will die derzeitige Niedrigzinsphase für eine gigantische Kapitalaufnahme von insgesamt 13 Mrd. Dollar nutzen. Obwohl dies wirtschaftlich sinnvoll erscheint, stuft die Rating-Agentur Fitch die Schulden von GM um eine Stufe herunter, weil sich das Verhältnis Eigenkapital zu Fremdkapital damit drastisch verändert. (8)

3) IPO der Hypo-Vereinsbank-Tochter Bank Austria
Selbst die zweitgrößte deutsche Bank läßt sich von den Rating-Agenturen unter Druck setzen. Der Börsengang der österreichischen Tochter Bank Austria wird von Finanzmarktexperten zunehmend als Versuch der HVB beurteilt, wieder an frisches Eigenkapital zu kommen, das sie dringend braucht, weil die aktuelle Eigenkapitalquote zu niedrig ist. (4), (11)

Weiterführende Literatur

(1) Neue Bank soll noch in diesem Jahr loslegen Die meisten Banken wollen ihre Geschäftskredite bald mit Wertpapieren sichern lassen · Mehr Eigenkapital für neue Kredite
aus FTD Financial Times Deutschland vom 17.06.2003,

Seite BE4

(2) Blum, A., Deutsche Unternehmen haben viel aufzuholen. Eigenkapitalquote ist im internationalen Vergleich niedrig und wird sich nur langsam verbessern, Finanz und Wirtschaft, 21.05.2003, S. 33: AUSLAND
aus FTD Financial Times Deutschland vom 17.06.2003, Seite BE4

(3) Die Krise an den Börsen wird in der Branche die Konsolidierung beschleunigen - Kleinere Gesellschaften haben es besonders schwer Die Kunden flüchten zu den großen Versicherern
aus Die Welt, Jg. 58, 20.06.2003, Nr. 141, S. WR4

(4) Notoperation bei der HVB
aus Die Welt, Jg. 58, 24.06.2003, Nr. 144, S. 12

(5) Rückversicherer reagiert auf Druck von S & P Hannover Rück dreht kräftig an der Eigenkapital-Schraube
aus Die Welt, Jg. 58, 13.06.2003, Nr. 135, S. 19

(6) Münchener Rück soll ihr Kapital erneut erhöhen Forderung der Rating-Agentur Standard & Poor's
aus FTD Financial Times Deutschland vom 23.06.2003, Seite 18

(7) Hannover Rück erhöht Kapital um 500 Mio. Euro Mehrheitsaktionär HDI beteiligt sich mit Sacheinlage
aus FTD Financial Times Deutschland vom 13.06.2003,

(8) General Motors nimmt Milliarden auf
aus Frankfurter Allgemeine Zeitung, 21.06.2003, Nr. 141, S. 14

(9) Outsourcen von Immobilien stärkt Eigenkapital Leasing- und Mietmodelle sind ein vielversprechender Ansatz
aus Börsen-Zeitung, 22.05.2003, Nummer 97, Seite B10

(10) Mehr Eigenkapital durch die Umstellung auf IFRS? Höhere Transparenz und Vergleichbarkeit der Abschlüsse - Klarheit bringt zahlreiche Vorteile für mittelständische Unternehmen
aus Börsen-Zeitung, 22.05.2003, Nummer 97, Seite B5

(11) HVB-Kapitalquote steigt auf 6 Prozent
aus Frankfurter Allgemeine Zeitung, 24.06.2003, Nr. 143, S. 12

(12) EU prüft Verbriefungsgesellschaft Kommissar Mario Monti könnte Steuerbefreiung für das neue Institut als Beihilfe interpretieren
aus FTD Financial Times Deutschland vom 26.05.2003, Seite 19

(13) Linde holt sich 400 Mill. Euro
aus Börsen-Zeitung, 18.06.2003, Nummer 115, Seite 9

(14) Eigenkapitalausstattung der Banken in Europa
aus Sparkasse, Juni 2003, Nr. 06, S. 277

(15) Schmidbauer, M., Refinanzierungskosten in unangenehmer Höhe / Handel mit Krediten soll Banken entlasten / SZ vom 24. April, Süddeutsche Zeitung, 12.05.2003, Ausgabe Deutschland, S. 9, Ressort: Leserbriefe
aus Sparkasse, Juni 2003, Nr. 06, S. 277

(16) Linde betritt neues Terrain mit Nachrangemission
aus Börsen-Zeitung, 18.06.2003, Nummer 115, Seite 4

(17) Wirtschaft steckt in der Kreditklemme
aus netzeitung.de vom 27.05.2003

Impressum

Rating-Agenturen fordern höhere Eigenkapitalquote

Bibliografische Information der deutschen Nationalbibliothek

Die Deutsche Nationalbibliothek verzeichnet diese Publikation in der deutschen Nationalbibliografie; detaillierte bibliografische Daten sind im Internet über http://dnb.d-nb.de abrufbar.

ISBN: 978-3-7379-1566-3

© 2015 GBI-Genios Deutsche Wirtschaftsdatenbank GmbH, Freischützstraße 96, 81927 München, www.genios.de

Alle Rechte vorbehalten. Dieses Werk ist einschließlich aller seiner Teile – z.B. Texte, Tabellen und Grafiken - urheberrechtlich geschützt. Jede Verwertung außerhalb der Grenzen des Urheberrechtsgesetzes bedarf der vorherigen Zustimmung des Verlags. Dies gilt insbesondere auch für auszugsweise Nachdrucke, fotomechanische Vervielfältigungen (Fotokopie/Mikroskopie), Übersetzungen, Auswertungen durch Datenbanken oder ähnliche Einrichtungen und die Einspeicherung und Verarbeitung in elektronischen Systemen.